L'EMPIRE
DE L'ANARCHIE.

FRAGMENTS

DE LA CORRESPONDANCE OFFICIELLE

ET PARTICULIÈRE

DE ROBESPIERRE ET DE SES AGENTS.

Furtum ne fortasse aut prædam
expectatis aliquam ?
Facinus quam vultis excogi-
tate improbum !

Cıc., *in Verrem.*

A PARIS

CHEZ TOUS LES LIBRAIRES,

et rue de la Madeleine, 11.

1851

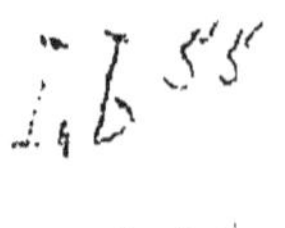

L'Empire de l'anarchie est la suite de
RÉVISION OU PERDITION.

IMPRIMÉ PAR HENRI ET CHARLES NOBLET,
rue Saint-Dominique, 56.

INTRODUCTION.

La Perdition d'un pays est la suite inévitable de l'Empire de l'anarchie et de la terreur sa compagne inséparable.

L'anarchie naît de la disparition du gouvernement régulier et du régime salutaire des lois, c'est-à-dire de la confusion du juste et de l'injuste, ou de la toute-puissance de la conscience individuelle élevée jusqu'au rang de gouvernement.

Les partisans de l'anarchie, quelle que soit la formule sous laquelle ils cherchent à déguiser leurs desseins (1),

(1) M. Émile de Girardin a inventé l'abolition de l'autorité en simplifiant le gouvernement. — Un gouvernement sans autorité est-il un gouvernement?

n'ont qu'un seul moyen pour arriver à leur but : l'abolition des lois et la destruction de toute discipline dans les institutions protectrices de la société ; l'annulation de la force publique, ou l'intrusion de l'indiscipline dans ses rangs.

A ce résultat tendent en effet les efforts suprêmes et les ruses des anarchistes :

Vive l'armée ! quand ils la craignent.

A bas l'armée ! quand ils l'ont trompée.

L'armée des anarchistes est une armée de d'assassins, de pillards et de dénonciateurs ; leur but : le pillage et la vengeance !

« Il faut que les sans-culottes soient « payés et restent dans les villes. Il faut « leur donner des armes, les COLÉRER, « les éclairer ! »

Voilà le système du prince de l'anarchie et de la terreur ; voilà la maxime de Robespierre, si mal imitée par Blanqui dans son fameux toast destiné au banquet des égaux !

L'anarchie, sans doute, aura aussi ses dénominations de la veille et du lendemain. Mais, comme il lui faut, avant tout, une armée considérable, les Barbès et les Blanqui ne tarderont pas à se donner la main ; les insultes, les imprécations de la veille se changeront en embrassements fraternels ; tous les deux crieront : à bas la société ! à bas la civilisation ! et une entente cordiale sortira de leurs criminels projets : FLOTTE ne sera plus un séide de Blanqui, mais un partisan commun.

La France paiera la première les frais de réconciliation de ces deux ennemis, et les républicains ambitieux seront leurs soldats les plus dévoués.

Faciamus hic tria tabernacula ! Élevons ici nos trois tentes, et notre volonté présidera à la PERDITION de la France et au triomphe de notre idée !

Mais ces hommes qui travaillent à la division de la société et qui se récrient sans cesse contre la nécessité d'un gouvernement, quelle voie suivront-ils dans leur entreprise barbare?

Cette voie est déjà ancienne et malheureusement trop connue : c'est la voie tracée par les terroristes de 1793.

C'est donc pour la montrer aux amis de la France et de la civilisation, que je vais en déterminer les étapes, en transcrivant les passages les plus instructifs de la correspondance de Robespierre et de ses agents (1).

Balbo.

(1) Cette correspondance est authentique et officielle, elle est tirée des papiers trouvés chez Robespierre et ses agents, qui ont été l'objet d'un rapport à la Convention par le représentant Courtois (16 nivôse an iii).

I.

Tous les philosophes ont, jusqu'à ce jour regardé comme une sorte de monstre tout homme qui cherche à se mettre au-dessus des majorités et des lois, et à faire de son caprice une loi suprême, pour l'imposer par la violence à ses concitoyens. Celui qui se déclare ennemi des lois se met lui-même hors la loi et devient, en conséquence, un ennemi public.

Depuis trois ans quelle loi a-t-elle été exempte des attaques de ces hommes qui ont fini par dire leur dernier mot, en se déclarant les partisans de l'anarchie ? Quelle institution, éprouvée par des siècles entiers, a-t-elle été exempte de leurs attaques les plus persévérantes et les plus cruelles ?

Mais, répondra-t-on ; mais toutes ces attaques, toutes ces tentatives, toutes ces théories absurdes n'ont pu encore prévaloir contre la société ; elle est encore debout. Oui, debout, mais à quel prix ?

Les libertés tant prônées et qui devaient faire, selon leurs pompeuses promesses, le bonheur du peuple où en sont-elles ?

La liberté de la presse, premier bienfait de la civilisationet de l'intelligence, se fait licence, et la nécessité lui impose des entraves salutaires.

La liberté ou le droit de réunion et d'association, cette institution qui devait fournir au peuple une grande abondance d'instruction et de bien-être, se transforme en école d'émeute et en atelier d'insurrection ; les partisans de l'anarchie s'emparent de cette liberté pour en faire un instrument de leur domination. La nécessité encore en a suspendu l'exercice.

Ainsi procédèrent les pères des républicains de nos jours.

Voyons maintenant si les fils se sont

jusqu'ici montrés dignes de tels pères, et si on n'est pas en droit de craindre la suite de ces imitations et quasi-imitations républicaines.

II.

IMITATIONS RÉPUBLICAINES.

Sous les pères. *Le peuple* qui a forcé l'Assemblée législative à décréter la déchéance du roi, pille le garde-meuble de la couronne.

Sous les fils. *Le peuple* ayant envahi les Tuileries après la fuite du roi, les pille ainsi que le Palais-Royal, malgré la peine de mort établie contre les voleurs.

Sous les pères. L'Assemblée législative se forme en Convention et proclame la République une et indivisible sans consulter la nation.

Sous les fils. Le gouvernement provisoire imite l'Assemblée législative.

Sous les pères. La Convention natio-

nale proclame le désintéressement républicain.

Sous les fils. Le gouvernement provisoire proclame son désintéressement
dans le *National* par la note suivante:
« Les membres du gouvernement pro-
« visoire ne reçoivent et n'acceptent
« aucune rétribution. »

Sous les pères. Sous prétexte que les
bonnets à poil étaient aristocratiques et
blessaient l'égalité, on dissout la garde
nationale pour la *réorganiser*, et on y
fait entrer tous les émeutiers de Paris.

Sous les fils. Même prétexte, même
abolition, et même réorganisation.

Sous les pères. La Convention décrète
un emprunt de cent millions et des offrandes à la patrie.

Sous les fils. Le gouvernement provisoire décrète l'impôt forcé de 45 centimes, l'emprunt de 200 millions et des
offrandes à la patrie. *Le National* rap-
pelle ce décret aux retardataires, et les
menace de signaler leur personne et

leurs biens à la colère *du peuple.*

Sous les pères. La Convention décrète que les dénominations de citoyen et citoyenne remplaceront celles de monsieur et madame.

Sous les fils. Le gouvernement provisoire renouvelle le même décret.

Sous les pères. Ouverture des clubs où se prononcent des discours incendiaires, tendant à provoquer le peuple contre les riches, les commerçants et les prêtres. De là les cris : A bas les aristos ! à bas l'exploitation de l'homme par l'homme! à bas les calotins!

Sous les fils. Les clubs, les discours incendiaires, les provocations et les cris sont copiés à la lettre.

Sous les pères. Création des ateliers nationaux à Paris et à Lyon.

Sous les fils. Création des ateliers nationaux à Lyon et à Paris.

Sous les pères. L'armée régulière est chassée de Paris et remplacée par l'armée révolutionnaire.

Sous les fils. L'armée est chassée de Paris ; elle est remplacée par les Montagnards, les Lyonnais et la garde républicaine (armée révolutionnaire).

Sous les pères. La Convention envoie dans les départements des commissaires munis de pouvoirs illimités pour révolutionner le pays.

Sous les fils. Le gouvernement provisoire copie littéralement la Convention.

Sous les pères. Paris se couvre d'arbres de la liberté qui sont peu après arrosés du sang du peuple.

Sous les fils. Même plantation, même arrosage.

Sous les pères. Robespierre fait espionner les membres de la Convention.

Sous les fils. Le maire de Paris fait espionner les membre du gouvernement provisoire.

Sous les pères. Des commissaires et agents de Robespierre s'emparent des chevaux et des meubles des personnes guillotinées, pour leur usage particulier.

Sous les fils. Le maire de Paris et autres membres du gouvernement provisoire s'emparent des voitures et dès caves du roi exilé, pour leur usage personnel.

Sous les pères. Les bruits des plans de conspiration, et d'émeutes courent les rues et les journaux ; les autorités constituées font la sourde oreille.

Sous les fils. Mêmes bruits, mêmes plans, même surdité.

Sous les pères. Les administrations publiques laissent pleine liberté aux artisans d'émeutes et d'insurrections pour couvrir ou continuer les dilapidations.

Sous les fils. Le maire de Paris brûle pendant les journées de juin une partie des papiers de sa comptabilité, et se trouve ainsi dans l'impossibilité de rendre ses comptes.

Sous les pères. Un grand désordre a toujours régné dans l'administration des deniers publics.

Sous les fils. Les comptes du gouvernement provisoire offrent, au dire de la commission, « la preuve d'un gaspillage sans exemple depuis l'existence des règles de la comptabilité. »

Sous les pères. Les ateliers nationaux sont un moyen de commettre et de dissimuler des dilapidations sans nombre et de tenir l'émeute en permanence.

Sous les fils. Une imitation plus que parfaite.

Sous les pères. Le comité de salut public refuse des soumissions avantageuses faites par des Américains d'approvisionner Paris de dix-huit millions de livres de farines pour soulager le peuple sans pain et sans travail (1).

(1) « Soumissions déposées au comité de salut public par les négociants américains Levingston, Grégoire et Flachat : 1° Les farines seront achetées en Amérique, et conduites en France à leurs risques et périls, et délivrées au prix coûtant et une commission de 5 pour 100 sur l'argent déboursé; 2° On frètera des navires neutres; 3° Ils ne demandent aucune

Sous les fils. *Les amis du peuple* votent constamment contre les crédits demandés pour donner au peuple des moyens d'existence.

Sous les pères. Le comité de salut public, après avoir refusé les offres des Américains, ordonne à l'armée révolutionnaire de poursuivre les accapareurs et les aristocrates.

Sous les fils. *Les amis du peuple*, après avoir repoussé des crédits destinés à procurer aux ouvriers des moyens d'existence, tonnent du haut de la tribune et dans leurs journaux contre l'égoïsme des riches.

Sous les pères. Les prédications des clubs et des chefs de sociétés populaires

« somme d'avance; 4° Le produit des farines
« sera converti en achat de marchandises qui
« sont *surabondantes dans la République*; 5°
« Si ces propositions sont goûtées du comité du
« salut public, les exposants se feront connaître
« de manière à ne laisser aucun doute *sur leur*
« *probité, leurs moyens*, et *leur amour pour*
« *la liberté.*»

conduisent le peuple à envahir sous plusieurs prétextes la Convention.

Sous les fils. Les mêmes causes conduisent *le peuple* à envahir l'Assemblée constituante dix jours après son installation.

Sous les pères. Le ministre de la guerre Bouchotte ne fait rien pour éviter ces envahissements.

Sous les fils. Le ministre de la guerre Charras pouvant disposer de forces nombreuses sous sa main, va au Luxembourg demander l'autorisation pour délivrer l'Assemblée envahie.

Sous les pères. Les prédications des clubs et les promesses décevantes font élire des représentants indignes et capables de tout.

Sous les fils. Mêmes moyens, même résultat.

Sous les pères. Collot-d'Herbois demande à la Convention la déportation en masse des écrivains réactionnaires.

Sous les fils. M. Degousée, questeur

de l'Assemblée constituante, fait la même demande à l'occasion des journées de juin.

Sous les pères. Les démagogues proclament à chaque instant la souveraineté du peuple, et se servent du peuple souverain pour violer cette souveraineté en envahissant plusieurs fois l'Assemblée législative et la Convention.

Sous les fils. Une imitation incontestable.

Sous les pères. Un jeune commissaire ou agent de Robespierre veut réunir dans un banquet plusieurs sociétés populaires pour présenter une masse imposante aux réactionnaires qui détestent la Terreur.

Sous les fils. On projette un banquet à 25 centimes par tête, ce banquet se métamorphose bientôt en sanglantes journées.

Sous les pères. Un émissaire de la commune de Paris prêche au club des Jacobins de Lyon l'assassinat, le vol et l'incendie. Les Lyonnais se soulèvent contre les Jacobins, et l'émissaire sanguinaire succombe dans la lutte qu'il a provoquée par ses discours. La Convention fait déposer ses restes au Panthéon comme ceux d'un martyr de la liberté (1).

Sous les fils. Dans les sanglantes journées de juin, des émeutiers avec les cartes de clubs sur leur tête, assassinent un général en parlementaire et son aide-de-camp ; ils sont jugés, condamnés et en partie exécutés. *Le peuple*

" (1) C'est l'exaltation sanguinaire de Châ-
« lier, qui amena la journée du 29 (mai), quand
« il dit le 27 au club : « Après-demain les
« présidents et secrétaires des sections perma-
« nentes, les riches égoïstes seront guillotinés. »
« La nuit du 28, la municipalité, après avoir
« frappé une imposition de six millions paya-
« bles dans le délai fatal de vingt-quatre heures,
« s'entoura de canons ; on craignait l'exécu-
« tion de la menace de Châlier. »

(Extrait d'une lettre de Cadillon
à Robespierre.)

porte des couronnes sur leur tombe, et les républicains protestent à la tribune et dans leurs journaux contre le rétablissement de la peine de mort en matière politique.

Sous les pères. Des commissaires de la Convention se plaignent de ne pouvoir faire arrêter des voleurs et des assassins sans que les sociétés populaires ne se révoltent et n'exigent leur mise en liberté comme appartenant à ces sociétés.

Sous les fils. Les arrestations de repris de justice, de voleurs, de vagabonds, de société secrètes et de conspirateurs, excitent les hauts cris de la presse républicaine, et donnent lieu à des interpellations à la tribune.

Sous les pères. La Convention, voulant en finir avec les clubs, décrète leur fermeture. Les terroristes essaient de continuer leurs prédications incendiaires dans les sociétés secrètes.

Sous les fils. Mêmes mesures, mêmes motifs, mêmes contraventions.

Sous les pères. La Convention décrète un impôt forcé d'un milliard sur les riches.

Sous les fils. Le 15 mai, pendant l'envahissement de l'Assemblée constituante, Barbès monte à la tribune, et demande, entre autres choses, l'impôt d'un milliard en faveur du peuple.

Sous les pères. L'armée est infestée par des émissaires, écrits et journaux tendant à provoquer le soldat à l'insubordination et à la révolte.

Sous les fils. Mêmes tentatives, même but.

Sous les pères. Des commissaires à Commune-Affranchie (Lyon) ordonnent le prélèvement d'un impôt forcé et défendent la sortie de l'argent.

Sous les fils. Le commissaire du gouvernement provisoire à Lyon ordonne un impôt extraordinaire, en dehors de celui des 45 centimes, et défend la sortie du numéraire.

Sous les pères. Des commissaires de la Convention et des agents de Robespierre poursuivent l'industrie et le commerce pour crime de négociantisme.

Sous les fils. Louis Blanc, membre du gouvernement provisoire, tonne, du haut de la tribune du Luxembourg, contre l'industrie et le commerce ; il renouvelle à leur égard le serment d'Annibal.

Sous les pères. Le 1er prairial, les chefs de la Montagne, à la tête d'une émeute formidable, envahissent la Convention pour la renverser. Repoussés, ils se forment en Convention à l'Hôtel-de-Ville, et mettent la Convention nationale hors la loi.

Sous les fils. Le 13 juin, pendant qu'une colonne d'émeutiers marche sur l'Assemblée, des chefs de la Montagne et autres représentants se forment en Convention au Conservatoire des Arts-et-Métiers, après avoir mis la majorité de l'Assemblée hors la loi.

Sous les pères. La Convention détruit peu à peu les établissements les plus importants de l'instruction publique.

Sous les fils. Le ministre de l'instruction publique, Carnot, préconise le système de l'ignorance publique. Les instituteurs négligent leurs écoles, se transforment en courtiers électoraux et propagent le socialisme.

Sous les pères. Des commissaires de la Convention se plaignent du mauvais état de plusieurs administrations publiques et de corps de l'armée ; ils font observer à Robespierre « qu'il ne suffit pas d'être bon républicain pour pouvoir être bon administrateur ou général. »

Sous les fils. Le ministre des finances déclare à la commission des comptes du gouvernement provisoire que le maire de Paris est étranger aux règles d'administration. Un sergent et deux chefs de bataillon sont nommés ministres de la guerre et commandant général des gardes nationales de Paris. Des hommes moins dignes et moins capables sont nommés ministres, ambassadeurs, commissaires, préfets, maires, etc.

Sous les pères. L'incorruptible (1) Robespierre se charge de fournir *l'infâme marc d'argent* nécessaire à assurer l'élection de son frère.

Sous les fils. Les pourfendeurs de la corruption électorale inventent le suf-

(1) Passage d'une lettre trouvée dans les papiers de l'*incorruptible* Robespierre : « Ainsi, « puisque vous êtes parvenu à vous former « ici (Londres) *un trésor suffisant* pour exis- « ter longtemps ainsi que les personnes pour « qui j'en ai reçu de vous, je vous attendrai « avec une grande impatience pour rire avec « vous du rôle que vous avez joué dans les « troubles d'une nation aussi crédule qu'avide « de nouveautés. Prenez votre parti d'après « nos arrangements ; tout est disposé, etc. » L'incorruptibilité de Robespierre est aussi vraie que le désintéressement des hommes du *National* et autres républicains.

frage universel. Ils envoient en même temps dans les départements des commissaires avec des pouvoirs illimités, de l'argent, des ordres, des faux électeurs pour empêcher à tout prix l'élection des candidats *réactionnaires*.

Sous les pères. On est bon patriote quand on a participé à toutes les émeutes, à toutes les conspirations.

Sous les fils. On est, au même titre, bon républicain et ami de la constitution.

Sous les pères. Les députés courageux qui signalent à la tribune des agents révolutionnaires et des sociétés populaires comme auteurs des désordres, des vexations et des crimes qui désolent les départements, sont déclarés contrerrévolutionnaires et traités comme tels.

Sous les fils. Les représentants qui portent à la tribune les provocations des clubs, les menées des agents socialistes et la conduite équivoque de quelques fonctionnaires, sont menacés par la Montagne et traités d'espions et de réactionnaires, *faute de mieux.*

Sous les pères. Des émissaires révolutionnaires et des sociétés populaires envoient des députations et des adresses à la Convention, au comité de salut public et à Robespierre pour demander, au nom de *l'opinion publique,* des mesures oppressives contre les riches et les contre-révolutionnaires.

Sous les fils. La Montagne dépose sur la tribune, au nom de l'opinion publique, des pétitions couvertes de signatures apocryphes pour demander l'abrogation des lois votées dans l'intérêt public et pour faciliter la marche du gouvernement (impôt sur les boissons, et réforme électorale).

Sous les pères. On viole les autels et les tombeaux en les dépouillant de tout ce qui peut produire quelque argent.

Sous les fils. Une grande partie de

l'argent déposé sur le tombeau des victimes de février, destiné à leurs parents et aux blessés, est gaspillé et dépensé en orgies (14,70 pour port de vin de Champagne).

Sous les pères. Au Panthéon, le tombeau de Mirabeau est violé; ses restes sont jetés dans le ruisseau et remplacés par ceux de l'infâme Marat.

Sous les fils. Le Panthéon destiné par la patrie aux tombeaux des grands hommes, est converti en forteresse de la barbarie contre la civilisation.

Sous les pères. Robespierre se fait le champion du paratonnerre de Louis XVI, et ce roi tombe, quelques années après, frappé par la foudre révolutionnaire.

Sous les fils. M. de Lamartine se fait paratonnerre de l'émeute, et sous la pentarchie l'émeute fond deux fois sur l'Assemblée et sur Paris.

Sous les pères. Les journaux républicains défigurent à dessein les évènements et les discussions de la Convention. Le rédacteur en chef du *Moniteur* recommande à Robespierre son journal menacé, et invoque en sa faveur la partialité dont il a fait preuve à l'occasion du procès du roi.

Sous les fils. Les journaux républicains imitent exactement leurs prédécesseurs ; et tandis que le *National* appelle la journée du 13 juin *une manifestation pacifique*, la *Tribune des Peuples* annonce à ses lecteurs « *que la moitié de Paris est au pouvoir du peuple.* »

Sous les pères. On accordait des paies journalières aux membres des clubs et des sociétés populaires.

Sous les fils. Les membres des ateliers nationaux qui fréquentent les clubs, reçoivent une haute paie de 50 cent. ; les chefs et les orateurs, une indemnité vingt fois plus forte.

On peut regarder ces imitations comme la table des matières contenues dans l'histoire de Robespierre. De là, cette histoire sera aussi celle des républicains sortis de la révolution de 1848.

III.

QUASI-IMITATIONS RÉPUBLICAINES.

Sous les pères. La Convention émet vingt milliards d'assignats ; de là, dépréciation progressive, enfin la banqueroute.

Sous les fils. Ledru-Rollin, membre du gouvernement provisoire, propose un impôt forcé de 2 fr. 50 c. à la place de celui des 45 centimes, et demande après, avec ses partisans, l'établissement du papier-monnaie. Cet impôt, s'il eût été adopté, aurait produit à peu près cinq milliards, c'est-à-dire que la France se serait trouvée comme surprise dans la forêt de Bondy par une armée de détrousseurs politiques.

Sous les pères. Les confiscations, la déportation sans jugement, les assassinats et la guillotine, se promenaient et s'étendaient sur toute la France, contre toutes les classes, sans exception.

. Sous les fils. Toutes ces mesures barbares ont été rencontrées à l'état de projet dans les papiers des sociétés secrètes, et notamment dans ceux saisis à l'occasion de l'attentat du 15 mai, des journées de juin 1848, et 13 juin 1849.

Ces quasi-imitations, ou tentatives d'imitations, donnent la mesure de l'audace et de la perversité de ces enfants dignes de la Terreur.

Rien de plus vrai en effet dans l'état de conspirateur ; le *fas* et le *nefas* sont une confusion pour lui, l'odieux le dispute au ridicule ; la volonté d'abord, comme disait Catilina à ses conjurés : *voluntas nemini !* La volonté ne manque à personne. Quant aux moyens, un guet-apens lui procure une charretée de cadavres pour faire ensuite couvrir une ville de barricades. Un cri lui suffit pour subjuguer la crédulité publique.

Les voilà ces moyens par lesquels on arrive à faire la loi à une nation, et à la plonger dans la désolation. L'humanité qui est censée faire la base de ses calculs n'est rien. Son ambition est tout. Ses premiers regards se portent sur les finances et les caisses d'épargne ; il lui faut de l'argent pour ses orgies et ses plans. L'humanité crédule déplore peu après cette catastrophe qu'elle n'avait pas prévue, *mais il est trop tard !* Il faut satisfaire l'appétit désordonné de ces monstres sortis des sociétés secrètes ou des bagnes ; il faut les reconnaître pour maîtres et trembler que leur colère n'arrive jusqu'à la jeter dans les fers de leur *liberté.* Heureuse alors si elle peut, par le sacrifice de sa bourse, éviter celui de son existence (1) ; heureuse

(1) Si tous ces *républicains* n'avaient pas trouvé pleines les caisses du Trésor et d'épargne, s'il n'avaient pu engloutir les 45 centimes, « ils

si la fille ne doit pas livrer son honneur au bourreau de son père! *Quid dabis ut uno ictu morte patrem tuum percutiam?* Que me donneras-tu pour que je tue d'un seul coup ton père? (Paroles de Cavaignac, commissaire de la Convention.) En fait de *fraternité*, l'usage infâme d'une grande partie de l'argent donné pour les veuves, orphelins et blessés de février, et la chasse donnée aux ouvriers étrangers sont un exemple vivant; il est vrai que ces mêmes dilapidateurs sacrilèges et ces frères ont fait du bruit pour quelques couronnes enlevées aux tombeaux de leurs victimes; mais ces dévots avaient-ils quelques mois avant étouffé leurs mânes avec le sang innocent de l'archevêque de Paris, et chanté dans les rües ce refrain *populaire: Les peuples sont pour nous des frères, et le travail notre ennemi!*

n'auraient pas souffert que l'opulence fût plus longtemps le patrimoine du *vice et du crime.*»

Les orgies ont pris la place des assassinats et des confiscations!

Et l'*égalité*? Le maire de Paris accumule les traitements de membre du gouvernement provisoire, de maire de Paris et de représentant du peuple. Louis Blanc et Albert, ouvrier, qui prêchent au Luxembourg l'égalité des salaires, perçoivent 210 fr. par jour; leurs disciples et adhérents des ateliers de Clichy n'en reçoivent que 2. Des commissaires du gouvernement provisoire imitent dans le cumul le maire de Paris, et tous ont soin d'éviter les réductions ordonnées sur les appointements des fonctionnaires publics. La paie journalière des membres des ateliers nationaux est d'un franc, celle des chefs et autres meneurs parcourt une échelle de 2 à 50 francs, etc.

L'égalité est-elle politique? Des *républicains* votent deux ou trois fois aux mêmes élections.

L'égalité est-elle légale? Des *républicains*, déclarés par la loi incapables ou indignes, prennent part aux élections en cachant leur incapacité ou indignité. Les mêmes se font en outre les chefs et les meneurs des clubs et des réunions électorales.

IV.

PLAN DES ANARCHISTES.

Les anarchistes qui devraient être, selon l'étymologie de leur dénomination, les adversaires inébranlables de toute institution régulière, sinon légale, cherchent néanmoins à créer une puissance collective dont la direction bien entendue doit leur appartenir de plein droit.

Ils s'emparent d'abord de la souveraineté du peuple; et pour colorer à ses yeux l'envahissement de cette souveraineté, ils feignent de ne s'en emparer que pour lui; partout ils caressent les *démocrates* et déclament contre la richesse, la propriété et les privilèges, comme autant d'obstacles à abattre pour arriver au nivellement. Le riche pour eux n'est que l'ennemi irréconciliable du démocrate : à bas les riches! à bas les aristos! Le commerce et l'industrie qui conduisent au bien-être et à la fortune sont un obstacle à l'égalité : à bas l'exploitation de l'homme par l'homme! vive le droit au travail et au fusil! Mais quels étaient les moyens auxquels avaient recours les maîtres des républicains, des démocrates d'aujourd'hui, pour arriver à leur but?

La confusion des idées.

La défiance contre les hommes éclairés et les riches.

« Quels seront nos ennemis? Les ri-
« ches!

« Quels moyens emploieront-ils? La
« calomnie et l'hypocrisie.

« Quelles causes peuvent favoriser
« l'emploi de ces moyens? L'ignorance
« des sans-culottes.

« Il faut donc éclairer le peuple?

« Mais quels sont les obtacles à l'in-
« struction du peuple ?

« Les écrivains mercenaires qui l'é-
« garent par des impostures journa-
« lières et impudentes.

« Que conclure de là ? Qu'il faut pros-
« crire les écrivains comme les plus dan-
« gereux ennemis de la patrie, et ré-
« pandre de bons écrits à profusion.
« Envoyer des troupes patriotes sous
« des chefs patriotes, pour réduire les
« aristocrates de Lyon, de Marseille, de
« Toulon, du Jura, et de toutes les au-
« tres contrées où l'étendart de la ré-
« bellion et du royalisme a été arboré,
« et faire des exemples terribles de tous
« les scélérats qui ont outragé la liberté
« et versé le sang des patriotes. Enfin,
« proscription des écrivains perfides et
« contre-révolutionnaires ; propagation
« de bons écrits ; punition des traîtres
« et des conspirateurs, surtout des dépu-
« tés et des administrateurs coupables;
« nomination de généraux patriotes,

« destitution et punition des autres;
« subsistances et lois populaires. »
*(Extrait d'une espèce de catéchisme de
Robespierre écrit de sa main.)*

Que le lecteur consulte loyalement
ses souvenirs de quarante mois, et il
trouvera dans le catéchisme de Robespierre la voie tracée et suivie par les
anarchistes depuis le 24 février 1848
jusqu'à ce jour. Rien n'y manque : la
guerre aux journaux modérés, la pro-
tection des journaux anarchistes, tels
que la *Réforme*, le *National* à l'époque des sanglantes journées de juin,
où le général Cavaïgnac et ses amis
cherchèrent la dictature dans le sang ;
la haine prêchée contre les riches, les
aristocrates ; les menaces de mort for-
mulées contre les députés indépendants ;
la propagation *de bons écrits*; les subsistances et lois populaires en projet, enfin, la destitution en masse de
généraux *réactionnaires* et leur rem-

placement par des généraux plus ou moins patriotes.

Voici encore une note également écrite de la main de Robespierre. C'est sans doute cette note qui a donné à Blanqui l'idée exprimée dans son toast de Londres.

« Il faut une volonté UNE.

« Il faut qu'elle soit républicaine ou « royaliste. Pour qu'elle soit républi- « caine, il faut des ministres républi- « cains, des papiers républicains, des « députés républicains, un gouverne- « ment républicain.

« Les dangers intérieurs viennent « des bourgeois : pour vaincre les bour- « geois il faut rallier le peuple. Tout « était disposé pour mettre le peuple « sous le joug des bourgeois, et faire « périr les défenseurs de la républi- « que sur l'échafaud. Ils ont triomphé « à Paris, à Marseille, à Bordeaux, à « Lyon ; ils auraient triomphé à Paris « sans l'insurrection actuelle. Il faut

« que l'insurrection actuelle continue
« jusqu'à ce que les mesures nécessai-
« res pour fonder la république aient
« été prises. Il faut que le peuple s'allie
« à la Convention et que la Convention
« se serve du peuple.

« Il faut que l'insurrection s'étende
« de proche en proche sur le même
« plan : que les sans-culottes soient
« payés et restent dans les villes. Il faut
« leur procurer des armes, les COLÉ-
« RER, les éclairer.

« Enfin il faut exalter l'enthousiasme
« républicain par tous les moyens pos-
« sibles. »

On sait trop aujourd'hui encore
quelles furent les suite de ces sanglantes
et barbares doctrines. Un fils voit encore le lit et la chaise d'où a été arra-
ché son père ; il n'a pas encore oublié
les motifs ou les prétextes plus que
futiles pour lesquels on conduisait
les *non républicains* à l'échafaud ou à
l'exil (déportation). La France ne devait

plus être habitée par des *Français,* elle ne devait l'être que par des républicains ; le sexe même, l'âge ou une infirmité chronique, ne pouvait même pas leur épargner la persécution, le supplice ou la déportation.

Ces quelques notes de déportations fourniront la preuve de cette persécution aussi insensée que barbare. Elles apprendront aux tièdes et aux peureux la nécessité de prendre une résolution énergique s'ils ne veulent pas être un jour classés parmi les tièdes, les peureux, et couchés comme suspects sur ces listes homicides, et notés par des croix, des ronds ou autres figures de cette espèce.

Liste des condamnés à la déportation par la commission populaire du Muséum, *à Paris, et approuvée par les comités du gouvernement.*

COMMISSION POPULAIRE.

La commission populaire, établie à Paris, en exécution de la loi du 23 ventôse, après examen de pièces et renseignements pris sur le compte de :

Réné DUCROS, inspecteur des tribunes de la Convention, domicilié à Paris, rue de Lille, 110, détenu au Luxembourg ; *partisan prononcé des Girondins et des Fédéralistes dans les moments les plus critiques, arrêté comme tel par ordre du comité de sûreté générale.*

Théodore-Louis GIRARDIN, notaire à Paris, rue de l'Egalité, 79, détenu à la Force ; *il a tenu le registre des signataires de la pétition des 20,000 ; n'a jamais fréquenté que des signataires et des aristocrates qualifiés d'honnêtes gens.*

Pierre-Henry ITASSE, architecte à Paris, détenu au Luxembourg ; *aristocrate reconnu, n'ayant rempli aucun devoir de citoyen et ne fréquentant que ses pareils.*

Jean-Joseph COURTIN, marchand commissionnaire à Paris, rue du Petit-Lion, 35, détenu au Luxembourg ; *partisan de Lafayette, grenadier zélé, depuis soldat très-paresseux, fédéraliste et s'étant op-*

posé à *la pétition de la section de la Halle au blé, pour l'arrestation des vingt-deux députés girondins.*

Charles-François VASSAN, ex-noble, section de l'Arsenal, détenu à la maison des Lions-Paul; *très-suspect, aristocrate dangereux, ayant conservé le fol espoir de faire reprendre leur livrée à leurs gens.*

L'HERMAND, femme du précédent, mêmes motifs.

BERGERON, marchand de peaux à Paris, rue de la Vieille-Monnaie, 5, détenu à Saint-Lazare; *n'ayant rien fait pour la Révolution, très-égoïste, blâmant les sans-culottes de ce qu'ils abandonnent leur état pour ne s'occuper que de la chose publique.*

François PAUDIER, section des Gardes-Françaises, détenu à Saint-Lazare; *on a trouvé chez lui des tasses à café à l'effigie du dernier tyran et de son agent Necker; il les avait retirées des mains d'une citoyenne qui voulait les casser.*

Bricogne, marchand mercier, 226, section des Lombards, détenu à Port-Libre; *fanatique à l'excès, il a montré du zèle dans les premières années de la Révolution; mais depuis la Constitution républicaine il n'a paru dans les assemblées de section que pour les troubler.*

Pierre-Noël Brunelle, homme de loi, section de l'Homme-Armé, détenu à la force; *suspect, aristocrate, intriguant, ne s'étant jamais montré dans la révolution, et étant toujours resté dans les départemens.*

Malessi-Jardieu, ex-noble, *fanatique à l'excès, se trouvant journellement avec des prêtres, et entretenant avec eux des liaisons suivies.*

Malessi, femme du précédent, mêmes motifs.

Claire-Félicité Malessi, ex-noble, âgée de 21 ans, fille des précédents, section de l'Homme-Armé, détenue au Luxembourg; *fille d'émigrés et ayant les mêmes principes que ses père et mère*

qui étaient fanatiques et liés journellement avec les prêtres dans un lieu retiré.

Théodore VACHARD dit LAVALETTE,
artiste typographe, *n'ayant pas voulu
prêter le serment civique qu'il n'ait vu
comme la révolution tournerait ; modéré,
et ne s'étant aucunement prononcé dans la
révolution.*

MORÉE, veuve DUPONT, ex–noble, chez
elle, *parente d'émigrés et fanatique outrée.*

Angélique SOURDEVILLE, fille d'un
ci-devant comte, détenue aux Carmes ;
*sœur d'émigré, fille d'un ci–devant comte,
aristocrate, ayant son père et son frère
qui ont été frappés par le glaive de la loi.*

LENEUF, femme SOURDEVILLE, ci-devant comtesse; *mère d'émigré, ex–noble,
aristocrate prononcée, ayant son mari et
son fils frappés par le glaive de la loi.*

Jean DUPONT, banquier, avant et
depuis la Révolution, détenu aux Carmes ; *homme aristocrate et inhumain,
ennemi des patriotes et siégeant du côté
contre-révolutionnaire de la section.*

Jean-Marie DEVILLE, employé chez les fermiers généraux ; *très-suspect et partisan de Lafayette. Il a eu un frère guillotiné ; il s'est toujours montré insouciant pour la chose publique.*

Balthazar RABE, ex-oratorien, aux Carmes ; *fanatique, n'a pas prêté le serment comme prêtre, a dit la messe dans sa chambre, servie par son domestique.*

Germain-Pierre BLANCHE-BARBE GRAMBOURG, ci-devant homme d'affaires de Penthièvre, chez lui, rue de Grammont ; *lié avec des aristocrates, il n'a jamais rien fait pour la révolution, et malgré ses grandes richesses, il n'a jamais voulu donner plus d'un assignat de cinq livres pour les besoins de la section. Il vit avec une ci-devant femme de chambre de la fille Capet ; et il a été trouvé chez lui 1,115 pièces d'or de 24 livres, 15 boîtes d'or et beaucoup de jtons d'argent.*

HOQUET, femme galante, aux Anglaises, rue Victor ; *ci-devant maîtresse de l'abbé Fauchet ; elle a sans cesse in-*

trigué avec Legrand et avec les ministres.

Balthazar ALISSAN, payeur des rentes, chez lui ; *père d'émigré, murmurant contre la révolution et n'ayant jamais rien fait pour elle.*

Marie SAINT-CHAMONT, âgée de quinze ans ; *sœur d'émigré, beaucoup prononcée en fanatisme et contre la liberté, quoique très-jeune.*

Les comités de salut public et de sûreté générale réunis, approuvent la décision de la commission, et arrêtent que les dénommés ci-dessus seront déportés, et que ces feuilles seront frappées du timbre destiné à cet effet, *ne varietur.* Signé : VADIER, VOULLAUD, AMAR, ELIE LACOSTE, PHILIPPE RHUL, COLLOT D'HERBOIS, B. BARRÈRE, BILLAUD-VARENNE.

La guillotine et la déportation étaient trop lentes pour moissonner des existences considérées par les niveleurs comme superflues sur le sol de la République, et ils ont organisé la famine.

Dans un moment pressant de disette des négociants américains proposent au comité de salut public, cent mille barils de farine contenant dix-huit millions de livres, aux conditions les plus simples et les plus avantageuses, ces propositions sont refusées. (Voir les imitations républicaines).

Ce refus tyrannique et inhumain ne suffisait pas pour conduire, par la faim, les sans-culottes à la révolte; l'éruption soudaine des taxateurs révolutionnaires vint ajouter de la rapidité à la disette et aux rançons de toute espèce.

Un nommé Thoniou, écrit de Commune-Affranchie à son ami Gravier, à Paris, une lettre dans laquelle on remarque le passage suivant :

« On reproche encore à l'armée « révolutionnaire d'accaparer les den- « rées dans les marchés et autres lieux, « et de les vendre ensuite à ceux qui « les paient au-dessus du maximum. « Ce bruit est général.

« En général, les patriotes de cette
« commune ne sont pas bien d'accord
« avec les Parisiens, parcequ'ils veulent
« dominer. Mais je ne doute pas que
« tout reprenne l'ordre.»

*Mandat révolutionnaire tiré sur une veuve
de Thionville.*

Thionville, le 11 frimaire, l'an ii de la
république, etc.

GUERRE AUX ENNEMIS DU PEUPLE !

Commission révolutionnaire.

« Sous peine d'être traitée révolu-
« tionnairement, la nommée veuve
« *Vayer* de Thionville, versera dans
« trois heures, à la caisse de la Com-
« mission révolutionnaire, entre les
« mains du citoyen *Lémoissont*, un de
« ses membres, la somme de trois mille
« francs. »

Les membres de la dite commission,
Signé: LEMOISSANT.

Ce mandat est tracé en encre rouge.
Voilà où la confusion du juste et de

l'injuste avait conduit les régénérateurs de la France; la morale publique ne devait pas résister longtemps à leurs attaques.

Dans ce temps fatal, ce qu'on peut appeler la liberté d'un peuple n'existait plus que dans la bouche de ses flagorneurs. La pudeur du langage comme celle de l'ame est impunément violée; on se plaît à faire parade d'une nudité dégouttante d'expressions : un conspirateur est décoré du nom de régénérateur de l'Alsace, parce « qu'il la plonge dans « un bain de sang. Il est un MAITRE « BOUGRE dont les arrêts seront un des « plus beaux monuments historiques de « la révolution ; surtout quand les biens « des personnes guillotinées ne s'appel- « leront plus biens nationaux , mais « planche aux assignats. »

Comme Robespierre, les républicains de nos jours, ses imitateurs, se disent philosophes et ils trempent la philosophie dans toutes leurs discussions, soient-elles sérieuses, soient-elles ridicules ou cyniques, sinon criminelles.

Les philosophes admirateurs de Robespierre ont déjà rougi leurs mains dans le sang. La haine et l'envie sont leur partage. Une ambition commune leur fait adopter les mêmes moyens.

Pour réussir, c'est-à-dire, pour devenir les maîtres, il faut enchaîner le peuple : Robespierre instituait les sociétés populaires et les clubs ; ses admirateurs défendent les clubs et forment en leur absence des comités de résistance, des comités directeurs, etc.

Robespierre veut dominer la Convention, sinon la renverser : ses admirateurs attentent trois fois à l'Assemblée constituante, et mettent une fois la législative hors la loi.

Robespierre cherche à se créer un gouvernement : ses admirateurs en attendant le terme fatal de 1852, se plaisent à gouverner dans les sociétés secrètes, en y préparant les moyens de *sans-culottiser la France*, et de la débarrasser des talents, de l'esprit, de la vertu, de la science, des richesses, et enfin à imprimer une terreur générale et destructrice de la civilisation.

On croirait pourtant trouver une différence très-importante entre Robespierre et ses imitateurs : je veux parler du désintéressement républicain; car si ces messieurs proclament à tout venant l'incorruptibilité et le désintéressement de Robespierre, ils n'oseraient pas encore s'attribuer, aujourd'hui, une telle épithète. Eh bien! malheureusement le désintéressement et l'incorruptibilité de Robespierre ressemblent beaucoup à l'économie et à la probité dont sont pleins les comptes de l'année 1848. Les hommes du *National* et de *La Réforme* qui gardaient en ce temps la fortune et la sûreté de la France doivent être satisfaits de ressembler totalement, en ceci du moins, à leur *immortel* héros !

Un plan de fuite fut arrêté entre Robespierre et un de ses affidés, caché sous le voile de l'anonyme, et toutes les précautions étaient si bien prises que le confident presse Robespierre de partir.

Voici cette lettre :

Lettre anonyme à Robespierre, sans date de lieu ni d'époque.

« Sans doute vous êtes inquiet de
« ne pas avoir reçu plus tôt de nou-
« velles des effets que vous m'avez fait
« adresser, pour continuer le plan de
« faciliter votre retraite dans ce pays.
« Soyez tranquille sur tous les objets
« que votre adresse a su me faire par-
« venir, depuis le commencement de
« vos craintes personnelles, et non pas
« sans sujet. Vous savez que je ne dois
« vous faire de réponse que par notre
« courrier ordinaire ; comme il a été
« interrompu dans sa dernière course,
« cela est cause de mon retard d'au-

« jourd'hui. Mais lorsque vous le rece-
« vrez, vous emploierez toute la vigi-
« lance qu'exige la nécessité de fuir
« un théâtre où vous devez bientôt
« paraître et disparaître pour la der-
« nière fois. Il est inutile de vous rap-
« peler toutes les raisons qui vous
« exposent, car le dernier pas qui vient
« de vous mettre sur le sopha de la
« présidence vous rapproche de l'é-
« chafaud, où vous verriez cette ca-
« naille qui vous cracherait au visage,
« comme elle a fait à ceux que vous
« avez jugés.

   « *Egalité* dit *d'Orléans* vous en four-
« nit un assez grand exemple; ainsi puis-
« que vous êtes parvenu à vous former
« ici UN TRÉSOR SUFFISANT pour exister
« longtemps, ainsi que les personnes
« pour qui j'en ai reçu de vous, je
« vous attendrai avec grande impa-
« tience pour rire avec vous du rôle
« que vous aurez joué dans les troubles
« d'une nation aussi crédule qu'avide

« de nouveautés..... Prenez votre parti
« d'après nos arrangements, tout est
« disposé. Je finis, notre courrier part ;
« je vous attends pour réponse. »

La date de cette lettre est présumée contemporaine à la fête de l'Etre-Suprême, où Robespierre eut une conduite plus ou moins *sans-culottiste* et fit craindre pour ses collègues du comité de salut public, dont l'ambition était tout au moins égale à la sienne,

Les menaces également anonymes qu'il recevait depuis quelque temps l'empêchaient déjà de sortir seul, et ne pouvaient qu'augmenter ses craintes.

Voici un échantillon de ces menaces:

« Robespierre, Robespierre, ah! Ro-
« bespierre ! Tu tends à la dictature,
« tu veux tuer la liberté. Tu as fait pé-
« rir les plus fermes soutiens de la Ré-
« publique... Tremblez ! et tremblez
« tous, nouveaux décemvirs ! des ven-
« geurs de la patrie, sont prêts à faire

« couler votre sang ! Environne-toi de
« gardes, de noirs, d'esclaves, je serai
« parmi eux, n'en doutes point ; mal-
« heureux! tu déclames contre les ty-
« rans, et tu veux nous livrer à eux !
« La cour à vendu notre sang, notre
« or, nos villes, nos provinces, tu leur
« promets de nous faire égorger les uns
« après les autres. Quoi ! réduire la
« France à deux millions d'hommes ?
« et c'est trop encore as-tu dit ?

   « Robespierre, tu es encore, tigre,
« couvert du plus pur sang de la Fran-
« ce, bourreau de ton pays !... Tu es en-
« core.... écoute, lis l'arrêt de ton châ-
« timent. J'ai attendu, j'attends encore
« que le peuple affamé sonne l'heure
« de ton trépas; que juste, il te traîne au
« supplice. Si mon espoir était vain, s'il
« était différé.... écoute, lis : cette main
« qui trace ta sentence, cette main que
« tes yeux égarés cherchent à décou-
« vrir, cette main qui presse la tienne
« avec horreur, percera ton cœur

« inhumain... Tous les jours je suis
« avec toi ; je te vois tous les jours, à
« toute heure mon bras levé cherche ta
« poitrine.... Oh ! le plus scélérat des
« hommes ! vis encore quelques jours
« pour penser à moi; dors pour rêver
« de moi ; que mon souvenir et ta
« frayeur, soient le premier appareil de
« ton supplice!... Adieu, ce jour même,
« en te regardant, je vais jouir de ta
« terreur. »

Si ce sont là les roses que doivent
cueillir les démagogues et les réforma-
teurs violents, qui pourrait encore
songer à les imiter? Allons partisans de
l'anarchie, montrez-nous votre ame, afin
que nous puissions y contempler les
mille traits empoisonnés qui doivent la
déchirer. Entrepreneurs de barricades
et de guerre civile, ambitieux insatia-
bles, organisateurs des journées de juin
et des ateliers nationaux, inventeurs
des plans de la république démocrati-
que et sociale, pourquoi restez-vous

impassibles aux alarmes de la France ?
L'espoir de détrousser la bourgeoisie
« et d'aller prochainement discuter dans
les caves de la Banque de France » peut-
il adoucir des douleurs aussi poignan-
tes ? Vous voyez que l'histoire se res-
semble, gardez-vous bien d'aller jusqu'à la fin, ayez piété de la France, et
de vous-mêmes ! Si vous attendez le
fruit des *économies* que vous ferez
quand vous gouvernerez sur les ruines
de la France, vous pourriez bien vous
tromper comme Robespierre ; d'autres
ont été forcés d'abandonner avant le
temps leur pays, leur famille, leur fortune, et lui, « ses effets. » Tout le monde
ne peut avoir le sort des Marrast, des
Ledru-Rollin et tant d'autres. Il est
vrai que ces deux messieurs n'ont imité
Robespierre que dans ses fanfaron-
nades sanglantes. Ledru-Rollin à la tribune, et Marrast sur le fauteuil de Louis
XIV *le tyran* !

V.

LA TERREUR.

Si la lecture des imitations républicaines et des listes de déportations ont pu causer des émotions pénibles, qui pourra résister à la lecture de cette correspondance, de cette histoire de l'anarchie et de la Terreur écrite par les anarchistes, par les terroristes eux-mêmes ?

Ces hommes-monstres sortaient du sein de la Convention elle-même ; après s'être partagé les rôles, ils se sont aussi partagé les massacres et la dévastation des diverses contrées de la France. Leurs pouvoirs sont illimités comme leur rage ; la toute-puissance les entoure, afin qu'aucun obstacle ne les arrête.

Carrier va désoler la Vendée ; Joseph Lebon, le département du Pas-de-Calais ; Maignet est envoyé sur les terres que baignent les eaux du Rhône, et qu'arrosent celles de Vaucluse ; Collot, poussé par des souvenirs amers, vole dans le département de Saône-et-Loire ; Couthon désire ardemment aller essayer dans le département du Var, ce qu'il appelait le système de vive force, d'aller, en un mot, brûler Toulon ; voici la lettre qu'il écrit à Saint-Just :

Ville-Affranchie, le 20 octobre, l'an ii.

« Le froid qui commence à se faire
« sentir ici vivement, augmente beau-
« coup mes douleurs ; j'aurais envie
« d'aller un peu respirer l'air du midi;
« peut-être rendrais-je service à Tou-
« lon ; mais je désire que ce soit un ar-
« rêté du conseil qui m'y envoie; car
« sans cela, les collègues ou plutôt les
« amis avec lesquels je travaille ici
« pourraient bien ne pas me laisser
« aller. Fais-moi passer cet arrêté et
« aussitôt le *général ingambe* se met en
« route, et, ou l'enfer s'en mêlera, ou
« bien le système de vive force aura

« lieu à Toulon, comme il a eu lieu à
« Lyon. Adieu, mon ami, embrasse *Ro-*
« *bespierre, Hérault* et nos bons amis
« pour moi. Toulon brûlé, car il faut
« absolument que cette ville infâme dis-
« paraisse du sol de la liberté ; Toulon
« brûlé je reviens auprès de vous, et y
« prends racine jusqu'à la fin.

« Ma femme, Hyppolite et moi t'em-
« brassons du fond du cœur.

« *Signé :* G. COUTHON. »

Au nom de CARRIER la carte de la
Vendée se déroule encore fumante à
tous les yeux. Des milliers de *salaman-*
dres au milieu de la fournaise ven-
déenne attisent de leurs mains l'incendie de la république. On entend encore
les pétillements des flammes qui dévo-
rent et les manufactures et les hameaux
et les villes et les habitants ; les débris
des châteaux se mêlent aux débris des
chaumières ; triste et déplorable égalité
qui n'existe que dans les ruines ! les incendiaires, comme des oiseaux de proie

fondent sur les richesses qu'ils ont dé-
couvertes à la lueur de leurs torches
dans les maisons croulantes.

Extrait d'une lettre de Cousin à Robespierre.
Cossé dans le Bas-Maine, ce 27 nivôse.

« Nous sommes ici à exterminer le
« restant des chouans, enfuis dans des
« bois ; le sang impur des prêtres et des
« aristocrates abreuve donc nos sillons
« dans les campagnes, et ruisselle à
« grands flots sur les échafauds dans les
« cités. Juge quel spectacle est-ce pour
« un républicain animé, comme je le
« suis, du plus pur amour et du feu le
« plus sacré de la liberté et de la patrie
« qui brûle dans mes veines !

« Je ne t'en dirai pas davantage, si-
« non que les prêtres, nom qui devrait
« être à jamais proscrit, qui, par cela
« même qu'ils sont prêtres, sont et ne
« peuvent être que plus ou moins scé-
« lérats.

« Salut et fraternité,

« *Signé :* Cousin. »

CARRIER va noyer sa patrie comme *Néron* noya sa mère ; mais son imitation ne s'arrête pas en si *beau* chemin, son imitation devient lubrique. Néron, d'un œil brûlant de flammes incestueuses, parcourt les beautés livides de sa mère égorgée, Carrier de ses yeux lascifs et sanglants dévore la nudité de ses victimes qu'il ose accoupler dans la mort, voulant sans doute faire une double insulte à la nature, à qui, dans la destruction, il semble offrir la reproduction des êtres humains.

Jetons le voile sur l'enfer de la Vendée et marchons vers Arras, où le compatriote, l'ami fidèle de *Robespierre* et de *Barrère* (JOSEPH LEBON) se couvre du sang de ses frères. On va le voir promener les supplices et la mort sur le sol où il a pris la vie, comme pour le punir d'avoir enfanté deux monstres.

Voilà l'heure du carnage, voici les ruines, voilà les cendres sur lesquelles il faut marcher, voici les cadavres qu'il faut fouler ! Ecoutez ces gémissements effrayants , ces cris d'angoisse et de mort d'une génération presqu'entière ! voici sa douloureuse agonie !

Le caractère sanguinaire de Lebon est égal dans ses lettres comme dans ses actions.

Que ceux qui s'apitoyent aujourd'hui sur l'exécution d'un assassin ordinaire, voient avec quelle légèreté, avec quelle joie, leur Lebon envoie les innocents à la mort.

Voici comment il s'exprime dans ses lettres à Saint-Just et à Lebas :

Cambrai, ce 23 floréal, l'an ii.

« La machine est en bon train, je
« l'espère ; l'aristocratie tremble, et les
« sans-culottes relèvent leur tête.

« Messieurs les parents et amis
« d'émigrés et de prêtres réfractaires,
« accaparent la guillotine. Avant-hier,
« un ex-procureur, une riche dévote,
« veuve de deux ou trois chapitres, un
« banquier millionnaire, une marquise

« de Monaldy, ont subi la peine due à
« leurs crimes.

« Hier, trois espions et cinq ci-de-
« vant *français*, devenus échevins au-
« trichiens, ont également disparu du
« sol de la liberté.

« Salut et fraternité.

« *Signé:* Joseph LEBON. »

Autre du 19 floréal.

« Le discours contre le fanatisme
« à produit l'effet que j'en attendais.
« La salle regorgeait de nombreux au-
« diteurs, et je pense qu'ils en sont
« sortis furieux contre les anciens
« marchands d'impostures.

« Les sans-culottes se décident; ils
« s'enhardissent en se sentant appuyés.
« Patience, et ÇA IRA d'une jolie ma—
» nière !

« Les dénonciations commencent et
« donnent lieu à des arrestations nou-
« velles.

« Salut et fraternité.

« *Signé* : Joseph LEBON. »

Autre lettre.

« Citoyens collègues,

« Je suis arrivé à Cambrai, hier le
« soir, accompagné de vingt braves
« que j'ai amenés avec moi. J'ai vu les
« autorités constituées et la société
« populaire : je ne m'expliquerai point
« sur elles dans ce moment.

« J'espère faire le bien à Cambrai
« et y inspirer la terreur civique.

« Aujourd'hui, je ferai assembler
« tout le peuple, et je lui parlerai en
« masse, le langage de la vérité et de la
« raison.

« Le tribunal va de suite entrer en
« activité et fera justice de tous les
« traîtres.

« Salut et fraternité.

« *Signé :* Joseph LEBON. »

Pendant que le correspondant républicain donne carrière à sa passion
sanguinaire, une loi générale appelle
à Paris les conspirateurs de tous les

points de la république ; mais cette loi ne fait pas son compte ; il jette en prison l'accusateur public, le président, et l'un des principaux membres du comité de surveillance, et « les confie à des braves qui n'ont pas besoin de briser des échafauds » parce qu'ils s'opposent à la désobéissance que lui LEBON veut leur imposer de la loi qui suspend la juridiction des tribunaux révolutionnaires de province.

Sa rage, sa soif de vengeance et de carnage sont tellement grandes en lui qu'il part pour Paris, obtient de Robespierre la suspension de cette loi, en faveur du tribunal révolutionnaire d'Arras. Aussi, un nommé Darthé écrit à Lebas, une lettre ainsi conçue :

Cambrai, 30 floréal, an II.

« Mon cher ami,

« LEBON est revenu avant-hier soir « de Paris, le comité de salut public « lui a rendu toute la justice qu'il « méritait.

« Geoffroy, son calomniateur serait
« déjà décrété d'accusation, sans des rai-
« sons de politique, et les quatre détenus
« Demeuliez (1), *Beugniet*, et les *Leblond*
« vont être livrés au tribunal révolu-
« tionnaire de Paris.

« Le comité de salut public a dit à
« Lebon qu'il espérait que nous irions
« tous les jours de mieux en mieux.
« Robespierre voudrait que chacun de
« nous pût former seul un tribunal, **et**
« empoigner chacun une ville de la
« frontière. La vertu et la probité sont,
« plus que jamais, à l'ordre du jour.

« *Signé* : Darthé. »

Autre lettre de Darthé à Lebas.

A Arras, le 29 ventôse, an ii.

« Je vais te donner, cher ami, quel-
« ques détails sur ce qui se passe ici.

(1) Ce *Demeuliez*, poursuivi par *Lebon*, est
le même qui fut annoncé par lui à Robespierre,
comme favorisant l'élection de Robespierre
jeune. Quelle reconnaissance !

« Lebon est revenu de Paris, trans-
« porté d'une sainte fureur contre l'i-
« nertie qui entravait les mesures ré-
« volutionnaires. Tout de suite un jury
« terrible, à l'instar de celui de Paris,
« a été adapté sur-le-champ au tribunal
« révolutionnaire ; ce jury est composé
« de soixante BOUGRES A POIL !

« Un arrêté vigoureux a fait claque-
« murer les femmes aristocrates dont
« les maris sont incarcérés, et les maris
« dont les femmes le sont, etc.

« *Signé* : DARTHÉ. »

Laissons de côté le reste de la correspondance de LEBON et de ses acolytes
et passons sur cette peinture trop affli-
geante.

Arras, Lyon, Nîmes, Bordeaux,
Brest, Nantes, Orange, toutes villes
commerçantes et nourricières de la
République, chacune à offert des larmes
à essuyer, du sang à étancher, des ca-
tacombes à fermer ; chacune avait son
tribunal sanguinaire, chaque tribunal

son *Dumas*, son *Fouquier* : ces tribunaux
étaient autant de colonies d'égorgeurs
sortis du tribunal de Paris.

L'instrument inventé pour punir les
crimes, devint une plante vénéneuse
qui, dans les mains de l'anarchie et de
la terreur, empoisonna toute la République sous le prétexte de la rendre
impérissable.

Lyon, cité fameuse par son commerce, dût plier sa robuste taille sous la
hache et la foudre de l'infâme Collot
d'Herbois, qui, « pour consolider les
autres villes, détruit entièrement Lyon
la rebelle », il ne laissera que des cendres entre le Rhône et la Saône, il la
démolira à coups de canon, et avec
l'explosion de la mine.

Rien ne peut peindre mieux les mal-
heurs de la ville de Lyon que la lettre
de Fouché et Collot d'Herbois à la Convention : cette lettre contient et énu-
mère toutes les rigueurs barbares aux-
quelles seront soumis ses malheureux
habitants.

« Citoyens collègues.

« Nous poursuivons notre mission
« avec l'énergie de républicains qui ont
« le sentiment profond de leur carac-
« tère ; nous ne le déposerons point,
« nous ne descendrons pas de la hau-
« teur où le peuple nous a placés, pour
« nous occuper des misérables intérêts
« de quelques hommes plus ou moins
« coupables envers la patrie.

« Nous avons éloigné de nous tous
« les individus parce que nous n'avons
« pas de temps à perdre, point de
« faveurs à accorder ; nous ne devons
« voir et nous ne voyons que la Répu-
« blique, que vos décrets, qui nous
« commandent de donner un grand
« exemple, une leçon éclatante ; nous
« n'écoutons que les cris du peuple
« qui veut que tout le sang des patrio-
« tes soit vengé une fois d'une manière
« prompte et terrible, pour que l'hu-
« manité n'ait plus à pleurer de le voir
« couler de nouveau.

« Convaincus qu'il n'y a d'innocent
« dans cette infâme cité, que celui qui
• fut opprimé ou chargé de fers par les
« assassins du peuple, nous sommes en
« défiance contre les larmes du repentir;
« rien ne peut désarmer notre sévérité;
« ils l'ont bien senti ceux qui viennent
« vous chercher un sursis en faveur d'un
« détenu.

« Nous sommes sur les lieux, vous
« nous avez investis de votre confiance,
« et nous n'avons pas été consultés.

« Nous devons vous le dire, citoyens
« collègues, l'indulgence est une fai-
« blesse dangereuse, propre à ranimer
« les espérances criminelles au moment
« où il faut les détruire : on l'a provo-
« quée en faveur d'un individu, on la
« provoquera envers tous ceux de son
« espèce, afin de rendre illusoire l'effet
« de votre justice.

« On n'ose pas vous demander le
« rapport de votre premier décret sur
« l'anéantissement de la ville de Lyon,

« mais on n'a presque rien fait jusqu'ici
« pour l'exécuter. Les démolitions sont
« trop lentes, il faut des moyens plus
« rapides à l'impatience républicaine !

« L'explosion de la mine, etc. ; l'acti-
« vité dévorante de la flamme peuvent
« seules exprimer la toute-puissance du
« peuple ; sa volonté ne peut être ar-
« rêtée comme celle des tyrans, elle
« doit avoir l'effet du tonnerre.

« *Signé* : FOUCHÉ, COLLOT D'HERBOIS. »

Ville-Affranchie, 26 brumaire, an II.

Dans une lettre de Collot à Robespierre, on rencontre les passages sui-
vants :

« L'armée révolutionnaire arrive enfin
« après-demain, et je pourrai accomplir
« de plus grandes choses. Il me tarde
« que tous les conspirateurs aient dis-
« paru. Il faut que Lyon ne soit plus en
« effet, et que l'inscription que tu as
« proposée soit une grande vérité. Car,
« jusqu'à présent ce n'est réellement

« qu'une hypothèse, et le décret lui-
« même oppose de grandes difficultés.
« Il t'appartiendra de le rendre ce qu'il
« doit être, et d'avance nous préparons
« les amendements.

« *Signé* : COLLOT. »

On voit que par ces mots « il t'appartiendra » COLLOT mettait les con-
seils et les lettres de son ami Robespierre, bien au-dessus des décrets de
la Convention !

Et COLLOT continue :

« Plusieurs fois vingt coupables ont
« subi la peine due à leurs forfaits le
« même jour. Cela est encore lent pour
« la justice d'un peuple entier qui doit
« foudroyer tous ses ennemis à la fois,
« et nous nous occupons à forger la
« foudre.
« Ecris-nous, une lettre de toi fera
« un grand effet sur nos Jacobins.
« Ne laisse point passer de rapport tel

« que celui qui a amené le décret de
« sursis. »

Ailleurs il ajoute, toujours à son ami:

« La population licenciée, il sera facile
« de la faire disparaître, et de dire
« avec vérité : Lyon n'est plus ! »

Plusieurs autres lettres trouvées dans les papiers de Robespierre signalent des traces anciennes de la conspiration conçue contre le commerce, conspiration dont les inspirateurs et les acteurs étaient COLLOT, CARRIER, LFBON et MAIGNET ; CARRIER voulait réduire la population de Lyon à 25,000 habitants, RONSIN à 1,500.

Les projets de ces républicains cannibales étaient basés sur le prétexte de détruire « un chancre politique. » Voilà pourquoi on a eu recours à l'incendie des manufactures de soie à Lyon, des usines de Bédoin, aux noyades de *Nantes*, aux massacres *d'Orange* et *d'Arras*.

Voilà les exploits les plus saillants des

plus intrépides niveleurs et *régénérateurs* de la France !

Voyons maintenant si les intentions
de COLLOT et de FOUCHÉ, exprimées dans
leur lettre à la Convention, étaient sin-
cères et « inspirées par le plus pur pa-
triotisme. »

Le citoyen Reverchon écrit une lettre
à Couthon, membre du comité de salut
public pour lui peindre les bonnes intentions des vrais travailleurs: « Douze
« à quinze individus, soi-disant pa-
« triotes, voulant tout gouverner, tien-
« nent sous leur dépendance par
« crainte et par terreur, cette foule de
« vrais citoyens qui ne demande qu'à
« travailler, à être éclairée, mais qui,
« malheureusement, ne l'est pas.

« Ces meneurs sont de vrais intri-
« gants qui ne veulent que la domina-
« tion pour couvrir leurs dilapidations
« et détruire le commerce qui pou-
« vait faire exister la masse du peuple
« qu'ils ont totalement oublié, et ne

« s'en servent que pour assouvir leurs
« passions particulières en dépensant
« les trésors de la République ; pour
« maintenir ce même peuple dans
« l'oisiveté par l'entretien de dix-huit
« mille au lieu de quatre mille qui doi-
« vent être employés aux travaux pu-
« blics ; maintiennent plus de deux
« mille séquestres pour conserver deux
« mille gardiens à cent sous par jour,
« sans les dilapidations qu'ils commet-
« tent chaque jour; ce sont des adminis-
« trateurs et municipes qui ne font rien,
« dont la majeure partie n'a pas la
« moindre connaissance d'administra-
« tion; ne s'occupant que de leurs vils
« intérêts qu'ils couvrent toujours du
« nom de patriotes persécutés, et d'a-
« mis de Châlier. Ces patriotes, dont
« plusieurs sont inculpés par des preu-
« ves certaines que nous avons entre
« les mains, et que nous vous ferons
« passer, doivent-ils rester en place? et
« ceux qui n'ont aucune aptitude doi-

« vent-ils être conservés ? je ne le pense
« pas.

« Prends communication de tout,
« soit du comité de salut public, soit
« du comité de sûreté générale, et tu
« verras que la trame ourdie se sui-
« vait sous le nom des amis de Châlier.

« Nous veillerons jour et nuit et nous
« viendrons à bout de tout.

« Tous les meneurs ici dont les chefs
« sont à Paris, disent continuellement :
« nous sommes souverains, et nous ne
« nous laisserons pas mener ; et si
« nous avions des armes nous aurions
« bientôt chassé tous ces brigands
« armés !

« Voilà les propos qu'ils tiennent,
« mais leur rage est impuissante, et
« nous sauverons le peuple, malgré ces
« brigands qui ne se disent patriotes
« que pour égorger leurs frères et acqué-
« rir des richesses.

« Je ne finirai jamais de te faire le

« tableau affligeant de tous ces geux-
« là.

« Plus nous allons en avant, plus
« on découvre leurs scélératesses.

« Oui, mon ami, tous ces énergumè-
« nes ne voulaient la République que
« pour eux.

« Environ trois mille devaient par-
« tager toute la fortune lyonnaise ; ils
« voulaient se soustraire à la surveil-
« lance et à l'unité de la République,
« ils se sont mis à découvert et se
« découvrent à chaque pas.

« Signé : REVERCHON. »

LAPORTE, autre commissaire de la
Convention à Commune-Affranchie
dans une lettre à Couthon, parle aussi
des dilapidations en ces termes :

« Il s'est commis ici d'horribles di-
« lapidations : autant que je puis l'en-
« trevoir, on en accuse les Parisiens ;
« mais prends garde que ce sont les co-
« mités révolutionnaires qui ont apposé

« les scellés, qui ont les clefs des maga-
« sins et des maisons séquestrés ; qui
« ont mis dans ces maisons et magasins
« des *gardiateurs* à leur dévotion ; qui
« n'ont point fait d'inventaires, qui
« n'ont point fait appeler les intéressés
« à leurs opérations ; qui ont chassé de
« leur domicile les femmes, les enfants
« et les domestiques pour n'avoir pas de
« témoins, qui, par conséquent, ont pu
« faire tout ce qu'ils ont voulu.

« Lorsque la voix publique est venue
« nous informer que les magasins se
« dilapidaient, nous avons pris un ar-
« rêté qui défendait à toute autorité
« de faire lever des scellés sans notre
« autorisation ; eh bien ! croira-tu que,
« même après cette défense, on est venu
« enfoncer un magasin séquestré jus-
« que dans notre maison ?

« Nous avons pris les dilapidateurs
« sur le fait ; et qui étaient ces dilapi-
« dateurs ?

« C'étaient précisément deux com-

« missaires du comité qui vidaient le
« magasin sans autorisation aucune.

« Signé : Laporte. »

Voici enfin ce qu'on lit, dans une lettre adressée à Robespierre, sur les exploits sanglants de Collot :

« L'erreur de Lyon n'aurait pas duré
« plus que celle des autres départe-
« ments, si les Hébert n'eussent attisé
« le feu. Car tous les contes bleus
« d'émigrés, de prêtres réfractaires, de
« cocardes blanches, de guinées de Pitt,
« tu n'ignore pas qu'ils étaient absolu-
« ment faux.

« Collot d'Herbois, en faisant, deux
« mois après l'entrée des troupes de
« la République, inhumainement mas-
« sacrer par des canons chargés à
« mitraille une grande quantité de
« pères de familles, dont dix à peine
« avaient pris les armes ; ils eurent la
« cruauté de faire tuer à coups de pelles
« et de pioches ceux qui n'avaient été

« que blessés ; car il n'en mourut pas
« six par l'effet de la mitraille.

« J'oubliais de te marquer que Col-
« lot a fait jeter dans le Rhône une
« grande partie de ses victimes. »

Le Rhône retentit encore des dé-
charges de la mitraille et des coups de
pelles et de pioches de *Collot d'Herbois*;
les sources profondes et limpides de la
fontaine de Vaucluse sont tout à coup
changées en flots de sang !

Un autre républicain va répandre
sur ce terrain fertile, la désolation et la
mort. Voici comment MAIGNET fait connaître à *Couthon* l'état du département
de Vaucluse.

Lettre de Maignet à Couthon.

« Tu verras, mon bon ami, notre
« brave compatriote le citoyen *Lavigne*;
« il va vous exposer la situation du
« département de Vaucluse : tu liras
« le tableau que j'en fais, et tu te diras,
« toi qui sais bien que je n'aime pas à

« peindre trop en noir, qu'il est urgent
« d'y porter de grands remèdes.

« Il faut m'autoriser à former un
« tribunal révolutionnaire ; il est in-
« dispensable pour nous de saisir
« promptement des chefs de fédéralis-
« tes qui fourmillent dans nos deux
« départements.

« S'il fallait exécuter dans ces con-
« trées, votre décret qui ordonne la
« translation à Paris de tous les con-
« spirateurs, il faudrait une armée pour
« les conduire, des vivres sur la route
« en forme d'étapes ; car il faut vous
« dire, que, dans ces deux départe-
« ments, je porte à douze ou quinze mil-
« le hommes ceux qui ont été arrêtés ; il
« faudrait tout conduire à Paris : tu
« vois bien l'impossibilité, les dangers
« et les dépenses d'un pareil voyage ?

« D'ailleurs il faut épouvanter, et le
« coup n'est vraiment effrayant qu'au-
« tant qu'il est porté sous les yeux de
« ceux qui ont vécu avec le coupable.

« En m'obtenant ce point, mainte-
« nant que le comité général a fait le
« pas que je lui demandais, vous pouvez
« vous tranquilliser ; je vous rendrai
« bon compte de ce département où
« il faut créer, mœurs, esprit public,
« probité.

« Ton sucre, ton café, ton huile
« d'olives sont en route.

« Ne me taxe pas de négligence,
« mon cher ami, si je ne t'écris pas
« aussi souvent que je le voudrais ;
« mais sois bien assuré qu'on ne se
« fera jamais l'idée de ce qu'est la
« mission qui m'est confiée. N'importe,
« j'ai la certitude d'y faire quelque
« bien ; j'y donnerai au moins la paix
« et la consolation aux patriotes.

« Rappelle-moi aux souvenirs de ta
« chère moitié.

« Tout à toi,

« Signé : MAIGNET. »

*Du sucre et du café contre un tribunal
révolutionnaire ;* quel troc !

Plan d'organisation du tribunal révolutionnaire d'Orange.

« Créer un tribunal révolutionnaire
« qui siège à Orange, à l'effet de juger
« les prévenus de rébellion contre-ré-
« volutionnaire des départements de
« Vaucluse et des Bouches-du-Rhône.

« Composer le tribunal de six juges
« qui pourraient juger au nombre de...

« L'autoriser à se diviser en deux
« sections en cas de surcharge de tra-
« vail.

« Ce tribunal jugera révolutionnaire-
« ment, sans instruction écrite, et sans
« assistance de jurés.

« Les témoins entendus, les interro-
« gatoires faits, les pièces à charge lues,
« l'accusateur public ouï, le jugement
« sera prononcé. »

Le comité de salut public adopte ce
plan et les juges nommés sont : Fauvetti,
Meilleret, Roman-Fonrosa, Ferney,

Ragot, tous créatures ou de Payan ou de Couthon.

Ce tribunal marcha jusqu'au dernier jour du règne de Robespierre, c'est-à-dire jusqu'au 9 thermidor, où *Maignet* lui annonçait le jugement et le supplice de soixante nouvelles victimes, qui devaient être suivies d'un pareil nombre, quelques jours après.

Maignet appelait cela « employer bien son temps. »

Valreas, son ami, ne connaît plus qu'une *sainte*, « la guillotine qui va grand train tous les jours. »

Ce travail assassin est appelé par *Agricol Moreau* « épuration. »

Agricol Moreau, meneur de la société populaire d'Avignon, endoctriné par *Payan* et plein de la rage de *Maignet*, en envoyant, au nom de cette société à la Convention, une adresse dont il est le rédacteur, a bien soin de recommander qu'elle soit soumise auparavant au jugement de Maximilien.

C'est ainsi que la Convention crut souvent entendre les vœux des citoyens des départements, quand elle ne recevait, sous ce nom, que le vœu d'une furie, d'une société populaire.

« La commission, marque Moreau à « Payan, marche bien, sur douze ac- « cusés, neuf ont été condamnés à mort, « deux à la déportation. Je croyais, fait- « il observer, que, d'après le décret du « 22 prairial, il n'y avait plus que la « peine de mort pour les coupables de « délits contre-révolutionnaires. »

Puis arrivant d'*Orange*, il prend la plume pour écrire de nouveau à Payan « que les choses vont bien... « *Meilleret* et Roman-Fonrosa sont d'ex- « cellents citoyens; mais, pour juges ré- « volutionnaires, ils ne valent point « Fauvetti et les autres juges de Com- « mune-Affranchie.

« Si Fauvetti était malade, il échap-

« perait bien des coupables, et alors le
« but du gouvernement serait manqué.
« Les premiers sont esclaves des formes:
« les trois autres ne veulent d'autres
« formes que la conviction de leur
« conscience, sans eux, nous ne ferions
« plus que de l'eau claire. »

Dans une autre lettre à *Payan*, *Moreau*
parle « d'une perquisition faite dans
Avignon qui a produit l'arrestation de
cinq cents personnes, dont Maignet a
ordonné la *triaille*. »

Puis, il vient d'une tournée où il a vu
les flammes révolutionnaires qui consu-
maient l'infâme *Bédoin* : « il y a eu, dit-
« il, soixante-trois guillotinés. Le reste
« des habitants est partagé en quatre
« communes environnantes, où ils se-
« ront traités comme les ci-devant sortis
« de Paris. »

Il se plaint ensuite des formes obser-
vées par Roman-Fonrosa, son collègue,
et de Meilleret « qui ne vaut rien au

« poste qu'il occupe. Il est quelque-
« fois d'avis, dit-il, de sauver des prê-
« tres contre-révolutionnaires : il lui
« faut des preuves ; il inculque cette
« manière de voir à Roman, il le tour-
« mente, et tous les deux réunis nous
« tourmentent à leur tour ; *il leur faut*
« *des preuves !* »

Un scélérat nommé BENET, écrit ces
mots atroces à Payan :

« Tu connais la position d'Orange :
« la guillotine est placée devant la mon-
« tagne, on dirait que toutes les têtes
« lui rendent, en tombant, l'hommage
« qu'elle mérite. Allégorie précieuse
« pour de vrais amis de la liberté ! Cela
« va, et ça ira ; depuis primedi, plus de
« soixante scélérats ont courbé la tête. »

Et plus loin :

« Encore un triomphe sur l'escla-
« vage; de la raison sur le fanatisme ;
« mon cher procureur général, un ci-

« devant prêtre, ancien curé de salon,
« passe sous mes fenêtres, en robe rouge,
« escorté par la gendarmerie. Devine
« où va le cortège ! ... Demain on en
« annonce sept ou huit, et après-de-
« main RELACHE AU THÉATRE. Mon ami,
« l'esprit public se vivifie dans cette
« commune ; la liberté et l'égalité com-
« mencent à y établir leur esprit.

«Signé : BENET.»

Je n'ai plus le courage de continuer ces citations horribles et exécrables ; j'oublie la fabrication des faux assignats des légtimistes émigrés, constatée par M. Berryer père, dans ses *Souvenirs*, et je passe à la conclusion.

CONCLUSION.

Si l'on veut éviter la perdition de la France, c'est-à-dire l'empire de l'anar-chie et de la terreur, il faut réviser à temps la Constitution : et si cette néces-sité n'était pas encore évidente, l'orage qui est tombé hier sur la discussion de

la loi relative à l'agglomération lyonnaise serait venu lui fournir l'argument
suprême.

Qui peut douter que l'ami de sa patrie en lisant attentivement les frag-
ments de la correspondance de Collot
d'Herbois, de Réverchon, de Laporte
et de Maignet, n'ait ressentit la même
peine, les mêmes craintes qu'il a dû
éprouver en parcourant le compte rendu de la séance mémorable du 18 juin
1851 ! (Discours de M. Pelletier.)

Rien de plus naturel que la foudre et
la tempête de la montagne socialiste et
des républicains ambitieux soient tom-
bées sur la tête du ministère courageux
qui fut le promoteur et le défenseur d'un
tel projet de loi, d'une telle mesure de
salut public ?

Une hyène qui flaire déjà la proie
saignante qui doit satisfaire sa vora-
cité insatiable, devient impatiente et
prorompt bientôt dans sa rage et dans sa
férocité naturelle, si, au lieu de lui

abandonner cette proie, on lui fait comprendre qu'elle devra s'en passer.

Cette hyène, c'est la Montagne, qui déchaîne sa tempête pour détruire et pour perdre sans retour une mesure qui peut plus ou moins amoindrir ses espérances sanguinaires et spoliatrices.

Qu'on ajoute maintenant à ces réflexions celles qu'ont pu suggérer les discours montagnards et républicains sur la discipline de l'armée, et le doute disparaîtra sur les intentions plus que coupables des anarchistes terroristes.

Ces deux sorties imprudentes ont donné le signal d'une défense concentrée, et une majorité compacte a voté en faveur de l'une et l'autre loi ! Qu'elle persévère donc, cette majorité, qu'elle sacrifie l'esprit de parti à la sûreté de la France et de l'Europe si audacieusement menacée, qu'elle donne, par une conduite loyale, patriotique et désintéressée, un démenti formel aux griefs tro préels exprimés dans la RÉVISION ou

PERDITION ; qu'elle fasse cesser ce scandale plus que honteux, donné par ses organes, pleins tous les jours des diatribes cyniques et anti-patriotiques des journaux anarchistes ; en un mot, que cette majorité, espoir de la nation et de l'Europe, forme un seul faisceau de toutes ses forces, de tous ses moyens, pour donner aux vœux de la France la satisfaction de la révision, et, partant, plus de confiance et plus de solidité à son gouvernement ; car ce sont les tiraillements des partis, le souvenir d'un passé trop récent encore et la hardiesse persistante de ses ennemis qui lui présentent la révision comme le seul moyen de sa conservation.

Le chef de la société des démocrates cosmopolites adresse à ses adeptes les paroles suivantes :

« Sachez apprécier l'égalité et la
« liberté, et vous ne craindrez pas de
« voir brûler Rome, Vienne, Paris,

« Londres, Constantinople, et ces vil-
« les quelconques, ces bourgs et ces
« villages que vous appelez votre pa-
« trie ! »

Hommes de la majorité, voilà des
doctrines qui ne sont pas trop rassu-
rantes ! Permettez maintenant que je
vous adresse ces réflexions patriotiques :

Vous êtes, par votre position et par
votre mandat, les défenseurs naturels
des intérêts du pays ; vous avez tout
à perdre si vous abandonnez la victoire
à vos ennemis (1). Les listes de pros-

(1) Le voyage de l'anarchie était déjà sous
presse, quand quelque affilié indiscret a dévoilé
une conférence secrète qui a eu lieu [le 18
juin courant dans une société démocratico-socia-
liste, afin de concerter les questions à poser
aux candidats rouges pour les élections de 1852
« *et peut être avant.* »
Entre autres questions à poser on arrêta les
suivantes : sous les n°s 2 et 5 :
« 2° Comment voterez-vous si un de vos col-
« lègues demande la mise en accusation de
« tous les complices du président, depuis le 20

cription que je publie au commencement de mon travail ne peuvent laisser aucun doute à cet égard.

Hommes de la majorité, encore ce
rapprochement rappelé à la Convention
dans une occasion également critique,
et j'aurai fini :

« Vingt brigands se sont attroupés
« au coin d'un bois pour dévaliser les
« voyageurs : quatre cents de ces der-
« niers passent, tour à tour, par com-
« pagnies de trois ou de six, ils sont dé-
« valisés l'un après l'autre ; ils étaient
« pourtant quatre cents contre vingt! »

Je ne vous demande pas comme

« décembre 1848 ? Ministres, généraux, diplo-
« mates, représentants, préfets, etc ?
« 5° En supposant tous les coupables devant
« une haute cour, ou *un tribunal spécial,*
« (lisez tribunal révolutionnaire ou socialiste)
« quel sera votre vote, à vous, représentant du
« peuple, si un de vos collègues demande le
« séquestre national sur les biens de tous
« les accusés ?

Weishaupt de brûler vos affections, votre parti ; je vous supplie seulement de ne pas vous laisser dévaliser avec le pays, par ces brigands politiques que vous avez appris dans mainte circonstances, à bien connaître et à bien combattre.

Hommes de la majorité, déposez votre timidité et votre parti pris, écoutez résolument la voix du pays, et soyez unis ; votre union fera sa force et le désespoir de l'anarchie !

Sachez que vous ne pouvez pas vous perdre seuls : la France sera infailliblement ensevelie sous vos ruines !

Enfin, vous avez, dans une circonstance récente, renversé un ministère quand un de vous s'écriait à la tribune : « Si vous ne renversez pas le ministère, l'empire est fait ! » Le pays ne cesse de vous dire, depuis plus d'un mois : Si vous ne révisez pas la Constitution, L'EMPIRE DE L'ANARCHIE EST FAIT !

Pourriez-vous cette fois hésiter ?

NOTA.

Voici comment les papiers de Robes-pierre et de ses agents sont tombés dans mes mains :

Le jour que M. Sobrier faisait son entrée dans la maison n° 16 de la rue de Rivoli, le hasard me fit assister à cet aménagement qui paraissait extraor-dinaire à tout le monde à cause du personnel qui y était employé. C'était de nouveaux soldats d'Henriot, ornés de cravates rouges descendant jus-qu'aux genoux et de sabres traînants.

Je m'arrête un instant pour contem-pler ce va et vient qui me rappelait la description de l'armée révolutionnaire.

Dans ces entrefaites un de ces hom-mes vient me tirer par le paletot, et me demander si je veux acheter des livres.

A cette demande, qui me paraissait très-extraordinaire, je réponds affirmativement, et je suis de suite conduit à côté d'un panier plein de livres qu'il renverse afin de me donner le moyen de les examiner. Le premier qui se présente à ma vue est un volume contenant les papiers de Robespierre (ce titre était écrit en lettres d'or). J'en demande le prix à ce libraire d'une nouvelle espèce, le marché est conclu, je paie, et les papiers de Robespierre sont à moi. Quel bonheur pour un soldat de l'ordre !